Ye   3253

A MONSEIGNEUR
LE
DUC D'AUMONT.

ODE.

Par M. DE LA MOTTE, *de l'Academie Françoise.*

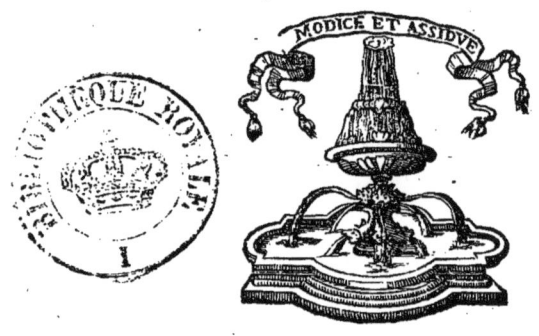

A PARIS,
Chez Du Puis Libraire, rue Saint Jacques,
à la Fontaine d'Or.

AVEC PRIVILEGE.

A MONSEIGNEUR

LE DUC D'AUMONT.

O D E.

EXAUCEZ ma reconnoissance,
Muses; pour l'Illustre D'AUMONT
Dans mon sein versez l'abondance
Des richesses du Sacré Mont.
Mon zèle ne peut plus attendre;
Venez; c'est trop long temps suspendre
Les hommages que je luy dois :
Mon ami qu'accusoit le crime
Sentit son secours magnanime
Et j'ay pris le bienfait sur moi.

Souveraines de l'harmonie,
J'implore moins voſtre faveur,
Pour faire briller mon genie
Que pour faire parler mon cœur;
Quand ma gloire vous ſollicite,
Taiſez-vous; quand mon cœur s'acquitte,
Prodiguez-moy vos plus beaux traits :
Meurent tous les fruits de ma lire;
N'en ſauvez que ce que m'inſpire
Le reſſentiment des bienfaits.

Il eſt un ſejour où préſide
L'inſatiable vanité,
D'où la Politeſſe perfide
A banni la ſincerité;
Ou, par la Crainte mercenaire,
La Juſtice eſt comme étrangere
Immolée aux moindres égards;
Où le grand art de ſe ſeduire,
L'art de ſe flatter pour ſe nuire
Tient lieu luy ſeul de tous les arts.

Eloge plus vray que croyable!
C'est dans ce sejour dangereux
Que d'Aumont est simple, équitable,
Sincere, tendre & genereux;
C'est-là qu'au devoir attentive,
Sa bouche prudemment naive
Ne sçait ni nuire, ni flatter.
Du moins à sa candeur discrette
Applaudit l'estime secrette
De qui n'ose pas l'imiter.

※❦※

Ambitieux, d'Ame heroïque
Dépoüillez le nom fastueux;
De mon autorité Stoïque
Je le decerne au Vertueux;
A l'homme qui libre & sans crainte,
Au sejour même de la feinte
Ose se montrer ce qu'il est;
Qui n'a, modelle presque unique,
Que le devoir pour politique
Et que l'honneur pour interest.

※❦※

Je rapelle ce jour funeste
Où d'étonnement abbatu,
Nouveau Pilade, pour Oreste,
D'Aumont j'imploray ta Vertu !
Contre l'Innocence attaquée,
La Haine en Justice masquée,
Avoit répandu son poison ;
Et je tremblois que sur toy-même
Son hipocrite stratagesme
N'eût pris les droits de la Raison.

Mais quelle ardeur, quelle éloquence
Me prêtoit alors l'Amitié !
Soudain je gagne à l'Innocence
Ton zèle ensemble & ta Pitié.
Je te vois conjurer l'Orage ;
Tu parles, déja ton Suffrage
Nous rend une foule d'amis ;
Déja ton infaillible zèle
A la Prévention rebelle
Predit l'Oracle de Thémis.

Elle a prononcé; Le Menſonge,
Artiſan de ſon propre affront,
Dans le Tartare ſe replonge,
La rage au ſein, la honte au front.
Mais que ne peut du noir * ouvrage
Dont il avoit armé ſa rage
S'aneantir le ſouvenir !
Ainſi que le nom d'Eroſtrate,
Ce Libelle proſcrit ſe flatte
De percer encor l'avenir.

*Vers diffamatoires fauſſment imputez M. Saurin.

Vers impoſteurs, qu'à la Vengeance
Dicta l'Imprudence ſa ſœur,
Que forgerent d'Intelligence
L'Effronterie & la Noirceur,
Qui, pour ſel & pour harmonie
Ne prêtez à la calomnie
Qu'un choix brutal de mots pervers,
J'apprends que la preſſe Batave,
Au mépris des nioeurs qu'elle brave,
Va vous montrer à l'Univers.

L'Auteur qui de l'eau du Cocyte
Vous écrivit dans sa fureur,
Rit sans doute & se felicite
D'en voir multiplier l'horreur.
Il croit qu'ainsi dans tous les âges
Vont se répandre les outrages
Dont il a voulu nous fletrir;
Que de ses mensonges ciniques,
Vont naître ces soupçons iniques
Que la Malice aime à nourrir.

Ouy, ce perfide espoir le flatte;
Mais il le flatte vainement;
En vous trop d'Impudence éclatte,
Voftre propre excès vous dement.
Dés qu'à l'Innocence, la Rime
Veut que vous imputiez un crime,
Le crime est d'abord imputé;
Et voftre imprudente imposture
Ne donne pas mesme à l'Injure
Un faux air de la Verité.

D'autres

D'autres siecles pourront nous croire.
Non, non, pour les en garentir
Mes vers plus surs de la Memoire,
Iront par tout vous démentir.
Mais qui vous lira ? quel courage
Pourra d'une si noire image
Suivre le tissu rebutant ?
Ce n'est que gibet, roüe & flame,
Objets qu'à voftre pere infame
Peint son remords impenitent.

Voftre pere... non, je m'abuse
Et vous n'eftes qu'un Avorton
Né de la lire d'une Muse,
Surprise un jour par Alecton.
La Muse s'eftoit endormie;
Alecton des enfers vomie
Profite du moment fatal;
Elle ose manier la lire;
C'est vous, sons menteurs, qu'elle en tire,
Digne essay du monftre infernal.

10.

Soudain le Serpent, la Couleuvre,
De sa teste affreux ornements,
Applaudissent à ce chef-d'œuvre
Par leurs horribles sifflements :
Mais l'Echo n'osa rien redire ;
Le Faune fuit, & le Satyre
Saisi d'horreur l'interrompit.
A ce bruit la Muse éveillée
Ne reprit sa lire souillée
Que pour la briser de dépit.

Tu le vois, D'AUMONT, je m'égare,
Et c'est de l'aveu des neuf Sœurs
Que j'imite Horace & Pindare
Mes Liriques prédecesseurs.
Si sur la foy de leur usage
L'écart même fermoit l'ouvrage,
Il n'en seroit que plus goûté ;
Mais, pardonne, Muse Thebaine,
Mon zèle à D'AUMONT me rameine ;
J'aime mieux perdre une beauté.

Que Mnemosine immortalise
Et tes bienfaits & mon encens;
Qu'à jamais l'Univers me lise,
Penetré de ce que je sens.
Si mes vers n'ont pas la puissance
D'inspirer tout ce que je pense,
Ils n'ont pas fait assez pour toi;
Et, malgré l'orgueil du Parnasse,
Charmé, j'y cederay ma place
A qui te loüera mieux que moi.

APPROBATION.

J'Ay lû par l'ordre de Monseigneur le Chancelier, cette Ode adressée à M. le Duc d'Aumont, & je suis persuadé qu'elle contribuera beaucoup à donner de nouveaux Protecteurs à l'Innocence & à la Vertu. Fait à Paris ce 26 Juin 1712.

RAGUET.

ON trouvera chez le même Libraire, les Oeuvres de M. De la Motte en octavo, 2. Volumes.

www.ingramcontent.com/pod-product-compliance
Lightning Source LLC
Chambersburg PA
CBHW061618040426
42450CB00010B/2545